LETTRE

A

MONSEIGNEUR L'ARCHEVÊQUE DE SENS.

LETTRE

DE

MONSEIGNEUR ANDRÉ,

PROTONOTAIRE APOSTOLIQUE,

A

MONSEIGNEUR JOLLY,

Archevêque de Sens,

LUI ANNONÇANT

SON RECOURS AU SAINT-SIÉGE

Contre l'écrit intitulé : **UN DERNIER MOT.**

Curam habe de bono nomine.
(Eccli., 41, 15.)

PARIS,
CHEZ L'AUTEUR,
RUE DES LIONS-SAINT-PAUL, 5.
—
1864

LETTRE

A

MONSEIGNEUR L'ARCHEVÊQUE DE SENS.

Monseigneur,

En publiant le Mémoire adressé par le Conseil de fabrique de Fleury à Son Exc. M. le Ministre des Cultes, sur les élections fabriciennes de cette paroisse, je n'ai eu d'autre but que celui d'établir un point de droit civil, savoir, que, d'après la législation actuellement en vigueur en France, trois membres d'un Conseil de fabrique peuvent en élire quatre autres, et que, par conséquent, dans l'espèce, quatre ont pu en élire trois sans pour cela se rendre coupables d'aucune fraude ni d'aucune irrégularité, comme on l'a prétendu à tort. Il ne pouvait donc nullement entrer dans ma pensée de vous offenser, car j'ai toujours eu pour Votre Grandeur le respect, la déférence et la vénération qu'Elle mérite. Je crois vous en avoir donné la preuve dans diverses circonstances, notamment dans la Dédicace que je vous ai faite de mon *Cours de droit canon,* ouvrage que vous avez daigné honorer de votre haute approbation, comme conforme à la *saine doctrine,* et qui vous était *cher à plus d'un titre.* Cette approbation a été pour moi un puissant encouragement, et j'en conserve toujours un souvenir reconnaissant.

J'étais donc loin de soupçonner, Monseigneur, que j'aurais pu contrister Votre Grandeur, en traitant, en ma qualité de jurisconsulte et d'auteur d'un ouvrage sur la *Législation civile ecclésiastique* que vous avez recommandé vous-même, une question purement légale et de droit purement civil, question qui n'a du reste aucun rapport à la doctrine ni à la discipline de l'Eglise. J'en ai été d'autant plus étonné, que ce Mémoire, sauf l'Avant-propos et le Post-scriptum qui ne font point partie du Mémoire proprement dit, vous avait été envoyé par mon ancien ami plus de six mois auparavant, sans que vous ne m'ayez fait aucune observation. Vous n'ignoriez pas cependant que ce Mémoire, qui n'est point un Mémoire *prétendu*, comme vous voulez bien le dire, mais un Mémoire réel, ne devait pas rester inédit.

Néanmoins, Monseigneur, aussitôt que j'ai été informé que la publication de ce Mémoire vous avait été désagréable, je me suis empressé de vous écrire une lettre d'excuses, vous autorisant même à en faire l'usage que vous jugeriez convenable, réprouvant tout ce qui, contre mon intention bien prononcée, aurait pu vous offenser dans ce Mémoire. A cette lettre souverainement humble et respectueuse, vous n'avez répondu que par des sévérités et des menaces. Pour les conjurer, je n'hésitai point à vous écrire de nouveau une lettre qui n'était nullement destinée à la publicité et qui avait, comme on l'a généralement remarqué, le caractère intime et tout confidentiel de la confession. C'est cette lettre cependant, Monseigneur, que vous avez cru devoir publier, manquant ainsi à la confiance pleine et entière que je vous avais témoignée en cette circonstance. Vous avez fait plus, vous l'avez accompagnée d'injures et de censures ecclésiastiques, et, ce qui est à peine croyable, vous vous êtes arrogé le droit qui n'appartient qu'au Très-Saint-Père, celui de me défendre de porter les insignes de ma prélature. Il a même fallu qu'une autorité supérieure à la vôtre vous écrivît pour vous prévenir que vous ne pouviez restreindre ce qu'a fait Sa Sainteté, et que vos pouvoirs, quelque grands qu'ils fussent, ne pouvaient s'étendre jusque-là.

Je ne vois pas en quoi, Monseigneur, je pourrais porter atteinte à votre haute autorité et à la considération qui vous est si justement due dans votre diocèse, en y paraissant moi-même avec les insignes de ma prélature. Remarquez bien que je ne vous demande et ne vous ai jamais demandé aucun privilége, ni la faculté de remplir aucunes fonctions qui emportent avec elles juridiction. Je n'ignore pas que la juridiction émane de vous dans votre diocèse, et que je n'ai à cet égard aucune exemption du Souverain Pontife. Hors de là, vous ne pouvez m'empêcher de remplir les fonctions de mon ordre et de ma dignité, sans vous rendre coupable d'un abus de pouvoir condamné par les saintes lois de l'Église.

Par amour de la paix et dans la crainte d'aggraver le scandale, j'ai gardé le silence sur tout ce que vous avez dit et fait, espérant toujours, Monseigneur, que vous reconnaîtriez votre erreur à mon égard, et que vous reviendriez sur des mesures que je suis forcé de regarder comme contraires aux saints canons, arbitraires, abusives et diffamatoires. Car je l'ai dit et je le répète, je ne dépends en aucune manière de votre juridiction, et je n'appartiens en quoi que ce soit à votre diocèse, ce que d'ailleurs vous reconnaissez vous-même dans votre écrit en déclarant que *je ne fais point partie de votre famille sacerdotale.* Vous dites cependant que je suis *propriétaire domicilié* dans votre diocèse ; c'est inexact. J'y suis propriétaire à la vérité, comme je pourrais l'être dans plusieurs autres diocèses, sans être pour cela soumis à la juridiction des Ordinaires de ces divers lieux ; j'y suis né ; j'y ai ma famille ; mais vous n'ignorez pas que depuis plus de vingt ans mon domicile est ailleurs. De votre propre aveu, vous n'êtes point et vous n'avez jamais été mon Ordinaire. Vous ne pouviez donc, ce me semble, sans empiétement de juridiction, me retirer des pouvoirs que vous ne m'avez jamais donnés, m'interdire des fonctions dont vous ne m'avez jamais investi ; en un mot, vous servir contre moi d'armes spirituelles pour défendre une opinion purement légale, venger votre propre querelle et être ainsi juge et partie dans votre propre cause. Tout ce que vous avez fait alors, Monseigneur, et depuis, dans votre synode diocésain, me paraît nul de plein droit et ne pouvant obliger personne en conscience. Je dois donc protester, comme en effet je proteste par les présentes, contre ces mesures ; et, d'après des conseils qui me sont donnés depuis longtemps déjà, vous le savez, par des personnes dont les avis sont pour moi des ordres, j'en appelle de votre jugement au jugement de votre chef hiérarchique.

J'aurais voulu, Monseigneur, m'abstenir de cette dernière démarche ; je vous ai fait connaître, il y a quelque temps, mon projet de recours à Rome. Ma conscience me rend le témoignage que je n'ai rien négligé pour terminer cette affaire avec vous pacifiquement et sans bruit. Je vous ai fait avant la publication des *Premier* et *Dernier mot* des excuses qui ont paru à tout le monde plus que suffisantes ; je les ai renouvelées depuis ; je ne les regrette pas, car il ne m'en coûte nullement de déclarer que je retire toutes les expressions qui ont pu vous déplaire ; je n'ai voulu qu'une chose, défendre mon droit, ma réputation, et me justifier d'accusations que ni moi ni mes collègues ne pouvaient accepter. Je crois vous avoir offert toutes les satisfactions que vous pouviez raisonnablement désirer. Mais, à mon grand regret et à ma grande surprise, vous m'avez fait demander des choses que mon honneur et ma conscience ne m'ont pas permis de vous accorder, et que bien certainement je n'accorderai jamais. Toutes mes avances et toutes mes démarches ont été inutiles. Je ne sais si je dois m'en étonner, car je ne puis guère me le dissimuler, mon grand crime à vos yeux, Monseigneur, ce n'est pas la publication de mon Mémoire, mais c'est d'être prélat romain, ce que, du reste, vous m'avez dit assez énergiquement dans une visite que j'ai eu l'honneur de vous faire, en me reprochant d'avoir *abusé de mes dignités pour vous vexer*, bien qu'alors même je n'en avais fait aucun usage. Il me semble donc, Monseigneur, que j'ai fait preuve jusqu'ici d'une assez longue patience et d'une modération peu commune. Il ne me reste donc plus maintenant, par respect pour le Saint-Siége et pour l'illustre collége des Protonotaires apostoliques auquel j'ai l'honneur d'appartenir, quoique indigne, et que je crois offensé en ma personne, de faire à Rome un Recours régulier et canonique.

On m'a accusé, Monseigneur, de vous avoir injurié grossièrement dans mon Mémoire; je repousse une telle accusation, qui n'est nullement fondée, comme il est facile de s'en convaincre. J'ai pu émettre, dans le cours de la discussion, quelque blâme et m'exprimer, pour ma défense, avec une certaine indépendance toujours respectueuse. Mais je me suis abstenu de toute expression injurieuse. Je pourrais invoquer en ma faveur le témoignage de hauts personnages, d'hommes graves et instruits qui m'ont déclaré n'y avoir rien vu d'injurieux et qui l'ont trouvé irrépréhensible sous le rapport de la doctrine et de la discipline, notamment un Consulteur de la sacrée Congrégation de l'*Index*, qui l'a cependant lu et examiné avec le plus grand soin. Je pourrais mettre sous les yeux de Votre Grandeur un certain nombre de lettres que j'ai reçues à cette occasion; elles sont toutes laudatives et pour moi des plus honorables. Je me contenterai de vous communiquer la suivante, qui émane d'un docteur en droit canon, à Rome, et auteur distingué de très-savants ouvrages. Voici ce qu'il m'écrit :

« Monseigneur, j'ai reçu, sans doute de votre part, le savant et logique Mémoire adressé à Son Excellence M. le Ministre de l'Instruction publique et des Cultes par le Conseil de fabrique de la paroisse de Fleury. Veuillez, je vous prie, en recevoir, avec mes remerciements, mes sincères félicitations. Pas plus que vous, Monseigneur, je ne suis le champion de la législation civile sur ou contre l'Église en France; mais puisque les Évêques l'ont acceptée, qu'ils la mettent tous les jours en pratique, il est nécessaire qu'elle soit pour leurs subordonnés comme pour eux. L'observation des lois sera toujours la sauvegarde de l'autorité et la garantie de l'obéissance, tandis que l'arbitraire, si excellemment qu'il agisse, sera toujours la destruction de tout ordre, de toute autorité et de toute obéissance. Votre Mémoire, sans réplique possible, vient s'ajouter à tous vos autres savants travaux pour ramener en France l'amour et le respect des lois.

« Recevez, Monseigneur, avec mes sincères félicitations, l'expression de mes sentiments respectueux. »

Pour vous, Monseigneur, vous vous êtes servi, au contraire, à mon égard, d'expressions infiniment regrettables, expressions que je ne puis admettre et contre lesquelles je dois aussi protester. Ainsi, pour avoir soutenu contre votre propre opinion, une opinion en fait de droit civil, et l'avoir établie, si je ne me trompe, d'une manière péremptoire, ou *sans réplique aucune*, suivant l'expression du célèbre écrivain dont je viens de transcrire la lettre, je ne crois pas être pour cela un *sot*, un *stupide*, un *entêté*, un *orgueilleux*, un *homme de mauvaise foi*, un *calomniateur*, un *révolutionnaire* et un *schismatique*. Il me semble, Monseigneur, que si mon sentiment ne vous paraissait pas suffisamment appuyé, Votre Grandeur aurait pu le combattre par des armes plus courtoises.

Vous parlez aussi, Monseigneur, de ressentiment ; grâce à Dieu, je puis vous assurer que je n'en ai jamais eu contre personne. Mais Votre Grandeur n'ignore pas, puisqu'Elle m'en a parlé Elle-même, que malheureusement ce ressentiment habite son palais archiépiscopal longtemps même avant qu'Elle en ait pris possession. Sans cela, j'aime à croire qu'il ne se serait élevé aucun nuage entre vous et moi. Dans une lettre que vous me faisiez l'honneur de m'écrire à cette occasion, vous me disiez sagement de nous défier mutuellement de ceux qui cherchaient à *allumer entre nous le feu de la discorde*. Il est à regretter qu'on ait pu réussir.

Vous prétendez, Monseigneur, que mon Mémoire a été *frappé d'une réprobation générale aussitôt son apparition*. Laissez-moi vous dire que je n'ignore pas ce qui a été fait auprès de vous à cet égard. Vous ajoutez que *je sais comment a été accueillie et jugée ma brochure par ceux qui l'ont reçue ; que j'ai leurs réponses avec leurs appréciations entre mes mains*. C'est vrai, Monseigneur, j'ai *entre mes mains* ces documents qui me sont bien précieux, et que j'ai reçus avec infiniment de reconnaissance. Mais vous seriez bien étonné si vous voyiez le grand nombre que j'en possède, et surtout si vous lisiez les *appréciations* qu'elles contiennent. Le nombre eût encore été plus grand, comme plusieurs de vos prêtres me l'ont dit depuis en me félicitant de mon Mémoire de vive voix, s'ils n'eussent craint de se compromettre à vos yeux, quand ils ont connu la publication de votre **Dernier mot.** Ils peuvent compter sur toute ma discrétion et être assurés que je ne tromperai point leur confiance. Cependant je puis vous donner copie d'une de ces lettres ; Votre Grandeur pourra juger dans quel sens elles sont écrites. En voici une prise au hasard : elle porte la date du 10 janvier.

« Monseigneur, je vous dois des remerciements pour l'extrême plaisir que vient de me procurer la lecture de votre Mémoire à M. le Ministre des cultes, je viens vous les offrir avec mes félicitations bien sincères.

« L'exposé des faits contenus dans votre spirituelle brochure et présentés avec une modération qui vous honore et que n'auraient pas eue en pareille circonstance certains personnages qui vous en croyaient incapable, est la justification la plus complète de votre conduite franche et loyale au milieu de vos luttes fabriciennes à Fleury. Le droit et la légalité sont pour vous, il faut espérer que l'on vous rendra justice. Dans le cas contraire, Monseigneur, la victoire n'en restera pas moins de votre côté ; vous avez rempli un devoir. La leçon est donnée, en profitera-t-on ? A cet effet, il y a plus à désirer qu'à espérer. Il en sera comme de la justice distributive, ce traité n'est plus de mode dans certaines administrations... Je m'arrête.

« Veuillez, Monseigneur, agréer, avec mes remerciements et mes félicitations, les souhaits de bonne année que je forme pour votre bonheur et la conservation de vos jours si précieux pour l'Eglise.

« J'ai l'honneur d'être, etc. »

Je remarque encore, Monseigneur, dans votre *Dernier mot*, que je vous aurais déjà fait des *excuses sur ma conduite, à l'hôtel de la Minerve, à Rome*. Permettez-moi de vous dire que vos souvenirs vous servent mal, car, dans cette visite, il n'a été question que du projet d'adresse qui devait être présenté au Saint-Père et que vous eûtes la bonté de me lire. Dans la visite que vous me fîtes l'honneur de me rendre deux ou trois jours après chez S. Em. le Cardinal Villecourt au Palais Lancellotti où je recevais une bienveillante hospitalité, il ne fut pas davantage question d'excuse. D'ailleurs, je n'en avais aucune à vous faire *sur ma conduite,* qui a toujours été irréprochable, je ne craindrai pas de le dire, dussé-je être imprudent comme le Grand Apôtre ; j'aurais plutôt été en droit de vous en demander, et vous savez pourquoi. Voici sans doute ce qui a donné lieu à cette erreur de votre part. Dans une visite que j'eus l'honneur de vous faire à Sens, sur votre désir, quelque temps avant notre voyage de Rome, relativement aux affaires de la paroisse de Fleury, je vous dis que si, sans le savoir et sans le vouloir, je vous avais offensé en quelque chose, j'étais tout disposé à vous en faire mes excuses, mais qu'il ne faudrait pas qu'à cause de moi on laissât cette paroisse en souffrance. Et Votre Grandeur sait qu'à cette époque un ministre protestant cherchait à s'y introduire.

Pour tous ces motifs si graves, Monseigneur, et dans l'intérêt de ma réputation, de mon honneur et de ma dignité, je me vois forcé de faire un Recours au Saint-Siége et de lui demander la justice que vous me refusez. Je regrette infiniment la nécessité où vous me mettez d'invoquer cette autorité suprême et de protester ainsi contre votre conduite à mon égard. Soyez convaincu que, malgré cela, je n'en conserve pas moins pour votre personne sacrée les sentiments de respect, d'estime et de vénération qui vous sont justement dus et avec lesquels j'ai l'honneur d'être, avec une parfaite considération,

Monseigneur,

De Votre Grandeur,

Le très-humble et tout dévoué serviteur,

† **ANDRÉ,**

Protonotaire apostolique, *ad instar participantium.*

Paris, avril 1864.

Imprimé par Charles Noblet, rue Soufflot, 18.

www.ingramcontent.com/pod-product-compliance
Lightning Source LLC
Chambersburg PA
CBHW070544050426
42451CB00013B/3162